LES
EMPLOIS du CHEMIN de FER

Mis en Chansons

PAR
Ch. DECOTTIGNIES

AVEC PORTRAIT DE L'AUTEUR

SOMMAIRE :

L'Inspecteur.
Revue des Bureaux.
Le Chef de Station.
Le Surveillant.
Le Mécanicien.

Le Conducteur.
Le Contrôleur.
Le Graisseur.
Le Lampiste.
L'Homme d'équipe.

PRIX : 50 CENTIMES.

EN VENTE
DANS LES BIBLIOTHÈQUES DES CHEMINS DE FER
ET CHEZ L'AUTEUR, RUE DE TOURNAI, N° 102,
A LILLE.

1865.

Ed. Balduduc. lith.   Lith. Balduduc frères à Lille

Ch. Decottignies

L'INSPECTEUR.

Air de la Plainte du Mousse.

Ce titre, direz-vous, annonce de l'audace !
Le sujet est scabreux... Que penser de cela ?...
Ne vous écriez point ; mettez-vous à ma place :
J'ai chanté le petit... faut-il en rester là ?
Que deviendrait l'auteur si l'on devait inscrire
A côté de son nom, celui d'adulateur ?...
Dans tous les champs ma muse aime à glaner le rire ;
Laissez-moi donc gaîment chansonner l'Inspecteur.

Je ne médirai point de son *rude* service,
Je ne scruterai point dans son intérieur ;
Je dépeindrai l'emploi sans aucun artifice,
Avec tout le respect que doit l'inférieur.
Parmi ses fonctions, j'extrairai le comique,
Afin de le verser dans mon album joyeux,
Sans laisser un instant de prise à la critique
Et sans qu'un mot risqué puisse sauter aux yeux.

Tout est en mouvement, tout se métamorphose,
Sitôt que l'Inspecteur paraît à l'horizon :
Le conducteur de train griffonne quelque chose
Dans ses émargements, où parfois manque un nom ;
Le chef de station veille si rien ne cloche ;
En cachette un graisseur met sa boîte à pétards ;
Là-bas, l'homme d'équipe accourt avec sa cloche ;
Ici, le receveur met à jour ses retards

Pour son inspection, on frotte, on enregistre ;
Dans le cuivre et le fer on pourrait se mirer,
Le grattoir chasse au loin les pâtés du registre ;
Rien ne reste à remplir, rien ne reste à timbrer ;
Les casiers sont pleins, la bascule est coquette ;
Tout vous semble parfait... Quelle erreur est en vous !
Le destin vous soumet au joug de l'*étiquette* ;
Son oubli, malheureux ! vous a coûté dix sous.

L'Inspecteur, sur un train, tombe comme une balle ;
Parfois on doit le croire apporté par le vent.
Il surgit d'un bureau, d'un colis, d'une halle,
Et se glisse en seconde, en première souvent ;
S'il voyage en fourgon, amis, sans vous contraindre,
Plaignez le chef de train, dont malgré moi je ris,
Car ce tableau vivant, qu'un Wateau devrait peindre,
Pourrait s'intituler : *le Chat et la Souris*.

L'Inspecteur est blasé sur toutes les *carottes*
Qu'il digéra jadis avec facilité.
Dans son vaste domaine, on en sème des bottes,
Mais inutilement, le terrain est gâté.
Ne vous exposez point à vouloir lutter contre ;
Soyez doux, patients, jamais provocateurs,
Car de force et d'adresse en ce jour il fait montre,
Et vous succomberiez, mes trop faibles lutteurs.

Pauvres *petits poucets*, tout Inspecteur vous semble
Un *ogre* gigantesque, effrayant rien qu'à voir ;
Aussitôt qu'on le *sent*, l'un gémit, l'autre tremble,
Et comme l'ouragan, il fait tout émouvoir.
Partout sur son passage il révolutionne ;
C'est le seul cauchemar du chef de station ;
Sa casquette est un phare où le danger rayonne ;
Pour tous, c'est un signal de grande attention.

L'Inspecteur doit tout voir, tout savoir, tout connaître,
Et ce qu'il ne voit point il doit le deviner ;
Il a le regard dur, l'abord glacé du maître,
Une voix imposante, aimant bien à tonner ;
Pour vous prendre en défaut sa malice est extrême :
Il ne passera rien, n'importe en quel séjour ;
Il se ferait plutôt *un rapport à lui-même*,
Que de mettre *néant* sur son état du jour.

REVUE DES BUREAUX.

Air de la Petite Margot.

Muse fidèle,
Peintre modèle,
Pour un instant, prête-moi tes pinceaux.
Quoique tremblante,
Ma main brûlante
Veut barbouiller un croquis des bureaux.

J'entre d'abord pour *croquer une amande*,
Dans un jardin appelé *Mouvement*.
Le froid me glace et ma santé commande
D'éviter même un léger tremblement.

Aussi je file,
Et me faufile
Chez un concierge où l'on est renseigné ;
Bien mal, peut-être,
Car plus d'un être
Lui doit, dit-on, de s'être fourvoyé.

C'est *grâce* à lui qu'un docteur de bourgade
Alla par Bruge, aux eaux de Saint-Amand
Rendre visite à son *meilleur* malade ;
Il arriva, mais pour l'enterrement.

Aux *arrivages*,
Pour des bagages,
J'entre sans bruit, ma casquette à la main ;
L'employé grogne
Sur sa besogne ;
Sauvons-nous vite, il ira mieux *demain*.

Pour un carton de *quatre-vingts centimes*
Vers le *dépôt* je me suis dirigé ;
Je l'en retire au prix de *huit décimes*,
Bien sot, ma foi de m'être dérangé.

Foin de l'espace,
D'un saut je passe,
De ce *bazar* aux *expéditions*
Où la fortune
Est importune
Par les ennuis des opérations.

C'est un bureau qu'il n'est guère possible
De vous dépeindre en cette occasion,
Mais on y voit l'écriture illisible
De l'écolier mis en punition.

Sans plus attendre,
Je vais pour prendre
Une troisième, en homme dépisté.
L'abord est brusque,
Tout vous offusque
Dans ce Bureau d'*infaillibilité*.

Du receveur poliment je m'approche.
Sa rude voix me répond « dépêchez. »
Il me *timbrait*, mais au bruit d'une cloche,
Son guichet tombe et m'éraille le nez

Dans la boutique
De la critique,
Autrement dit : *Bureau des surveillants*,
Sans qu'on m'invite,
J'entre bien vite,
Prêtant l'oreille aux propos malveillants.

Sainte amitié, ne franchis point la porte,
Et vous, amis, n'y faites que passer,
Car l'union trop rarement l'emporte
Où les cancans ont droit de se glisser

Au commissaire
Tâchons de plaire,
Chez lui n'entrons qu'au moment bien choisi.
Mais à la porte,
La peur m'emporte ;
Je ne crains point pourtant d'être *saisi*.

Je m'affranchis et sitôt lui signale
Qu'en réclamant une canne au bureau
On m'a remis, en place d'un *jonc mâle*,
Un vieux *rotin sans glands* et sans pommeau.

Je te tiens quitte
De ma visite,
Et te salue, ô toi ! Bureau du chef.
Toi qui renferme
Une âme ferme,
Un cœur loyal caché sous un ton bref.

Par des rigueurs, ou rigides manières,
Certain bureau, qu'on ne peut définir,
Creuse parfois de profondes ornières
Sur des chemins qu'il devrait applanir.

Au télégraphe
Si je m'agrafe,
Gare au *contact* et la *pile* en entrant.
Pauvre *boussole*,
Faute *d'école*,
Je dois *passer*, n'ayant point le *courant*.

Un peu plus loin je *sens* que je m'approche
Du *grand Bureau* des *petits cabinets ;*
Pour le décrire il faut deux sous en poche,
Je les ai bien, mais j'en crains *les effets.*

L'odeur me chasse,
Vite je passe,
Sans déclarer une *dinde* à l'octroi.
Le Bureau frappe,
On me rattrape,
J'en fus, hélas! le *dindon* malgré moi.

Sur les Bureaux de *petite vitesse*
Je lis ces mots : *On n'entre pas ici.*
Traduction : délabrement, tristesse...
Chut, respectons la consigne en ceci.

Suivant mon rôle,
Dans le contrôle
J'allais entrer, sans me faire prier ;
Mais l'heure approche,
J'entends la cloche ;
Pour la Belgique il faut m'expatrier.

LE
CHEF DE STATION.

Air : Le Grenier (BÉRANGER).

Tout voyageur que la vapeur entraîne,
A chaque instant voit son train s'arrêter;
Pourtant ses yeux aperçoivent à peine,
Dans le lointain, la flèche d'un clocher.
C'est un hameau, parfois un grand village,
Et près du train, cette habitation,
Saluez-la ! c'est le palais d'un sage,
Que l'on appelle un Chef de station.

Je n'irai point vous décrire une gare;
Dans votre tête est gravé son portrait.
Elle a partout, à moins d'un cas bien rare,
Pour vis-à-vis un obscur cabaret.
Des paysans, en sabots pour chaussures,
Dont le parler n'a point de nation,
Et dont l'habit est plein d'éclaboussures,
Sont les voisins du Chef de station.

Sa station est un Jardin-des-Plantes :
Il a dindons, coqs, poules et lapins,
De beaux oiseaux dans des cages brillantes
Et des canards dans les marais voisins.
Un porc s'engraisse à côté d'une niche
Où gît un chien près de sa ration,
Et dans l'étable on y voit une biche
Fournir le lait du Chef de station.

Poules et coqs vont chercher leur pâture
Dans une halle au céleste terrain,
Où chaque jour la pierre, quoique dure,
Daigne produire un riche et nouveau grain.
Croyez que rien ne manque aux autres bêtes,
La basse-cour, sans ostentation,
Croque en tout temps ce que des mains discrètes
Donnent pour elle au Chef de station.

Son existence est toute villageoise :
Il se nourrit du produit de ses champs ;
Sa station, ses bêtes, sa bourgeoise
Et *ses wagons*, absorbent tout son temps.
Auprès d'un train sa prestance est altière ;
Mais il a soin de faire attention
Si quelque chef, derrière une portière,
N'inspecte point le Chef de station.

Chasseur, fermier, donneur de signatures,
Dans ses rapports il aime le *néant ;*
Il a horreur des longues écritures,
Et s'il en fait, ce n'est qu'en maugréant.
S'il prend parfois sa bêche pour sa plume,
Ne blâmez point cette distraction ;
Homme des champs, il préfère un légume
Aux imprimés du Chef de station.

Les jours de fête, il est roi du village,
Avec le maire il boit les vins d'honneur ;
L'église aussi tient à lui rendre hommage,
Il a sa chaise à la porte du chœur.
Baissant les yeux comme une chaste vierge,
S'il suit les pas de la procession,
Le petit clerc lui fait présent d'un cierge
Pour honorer le Chef de station.

Je lis encor sur mes humbles tablettes
Qu'il est doué d'un noble dévoûment :
Voir chaque année augmenter ses recettes,
Tel est le but qu'il poursuit hardiment.
La concurrence excite son courage,
Car il espère, en sa prétention,
Que les *canaux* un jour feront *naufrage*
Sous les efforts du Chef de station.

LE
SURVEILLANT.

Air : Non, ce n'est pas cher un Anglais pour un liard.

En prenant un train, vous avez remarqué
    Dans une gare d'importance,
Un homme barbu, toujours bien astiqué,
    Vêtu presque avec élégance ;
    Sa tunique et son *couvre-chef*
Ont de beaux fleurons comme ceux d'un sous-chef ;
    Cet agent coquet et brillant
    Répond au nom de *Surveillant*.

Ce mot surveillant dicte ses fonctions,
    Et quoique l'emploi fut passable,
De toutes les plus petites actions,
    C'est lui l'*éditeur responsable*.
Il doit avoir les yeux partout,
Se trouver ici, là-bas ; et puis, surtout,
    Être assez fin pour esquiver
    Les plaintes qu'il voit arriver.

Il est la gazette où les faits de haut lieu
S'interprètent sans commérage ;
Sa brusque franchise est un juste milieu
Entre la bonté, le courage.
Ses monotones fonctions
Lui donnant, hélas ! peu de distractions,
Son bonheur est de raconter
L'histoire qu'il vient d'inventer.

Il aime de voir monter le voyageur,
Mieux encore la voyageuse ;
Les compartiments ont si peu de largeur
Pour la jupe un peu *tapageuse*,
Qu'un fripon coup-d'œil de côté
Satisfait toujours sa curiosité.
Puis il va fermer brusquement,
En baissant les yeux... chastement.

Au moment prescrit, majestueusement,
Il embouche un sifflet de poche,
Et sitôt *son* train démarre doucement,
Après les trois coups de *sa* cloche.
Ensuite il arpente les quais,
Comme un grand seigneur au sein de son palais ;
Et fait *ses* observations
A *son* équipe en fonctions.

Je vous ai montré de l'heureux Surveillant,
    Le beau côté de la médaille ;
Sous une autre face il paraît moins brillant,
    Mais plus rudement il travaille :
    Noir et crotté sur un *coucou*,
Souvent menacé de se rompre le cou.
    Jour et nuit il peut conjuguer
    Les temps du verbe *patauger*.

De ses compagnons il abrite l'erreur
    Sous le bonnet dont il se pare ;
Jadis la critique, en un moment d'aigreur,
    L'a nommé *toutou* de la gare.
    Qu'importe un maladroit propos ;
A rendre service il est toujours dispos ;
    Aussi son chef, en connaisseur,
    Prise fort ce bon serviteur.

LE
MÉCANICIEN.

Air : Le Coup du Milieu (Désaugiers).

Sur cette machine roulante,
Où tout est cuivre, où tout est fer,
Un être à la face brûlante
Existe au bord de cet enfer ;
On ne l'aperçoit qu'avec peine
A travers son vol aérien ;
Est-ce un démon à face humaine ?
Erreur.... c'est un Mécanicien.

Il vole, il dévore l'espace,
Debout sur son cheval de feu.
Villes, maisons, forêts, tout passe ;
L'horizon n'est pour lui qu'un jeu.
Le vent rugit, l'eau le soufflète ;
Qu'importe ! il ne redoute rien.
On n'a jamais vu la tempête
Renverser un Mécanicien.

Son coursier d'airain est rapide,
Aussi rapide que le vent ;
Ingrat pour la main qui le guide,
Sur son maître il *crache* souvent.
Sa force est brutale, féroce,
Murs, bois ou fer, en un mot, rien
Ne peut arrêter ce colosse...
Excepté le Mécanicien.

Le Mécanicien n'a point d'âge ;
Son masque en service est trompeur.
Des plis sillonnent son visage,
Énergique dans sa noirceur.
Le cœur d'une garde-barrière
Volerait au-devant du sien,
Si l'auréole de poussière
N'entourait le Mécanicien.

Il a les cheveux longs et raides,
La peau rude d'un négrillon,
Un front large, des yeux tièdes,
Où le feu laisse un noir sillon.
Son humeur paraîtra morose
A qui ne le connaît point bien ;
Car tout n'est point couleur de rose
Dans les jours du Mécanicien.

Un disque rouge le protège,
Phare immense ! ancre de salut !
En temps de brouillard et de neige,
Son guide a le hasard pour but.
Pour les voyageurs c'est un père,
Hardi comme un berger sans chien,
Prudent comme une jeune mère,
Vaillant comme un... Mécanicien.

Il se nourrit sur sa machine :
Un coffre est son garde-manger;
Son foyer lui sert de cuisine,
Le tender, de chambre à coucher.
S'il est jaloux, en prenant femme,
Je plains le pauvre paroissien,
Car sa couche est trop souvent même,
Veuve de son Mécanicien.

Comme un autre chacun le nomme,
C'est un être tout simple et gros;
Aujourd'hui ce n'est plus qu'un homme.
Autrefois c'était un héros !
Mais sans exalter son mérite,
Qu'il soit nouveau, qu'il soit ancien,
L'homme d'esprit hautement cite
La valeur du Mécanicien.

LE
CONDUCTEUR.

Air : Le Dieu des Bonnes Gens.

Las, à la fin, de sermonner les autres,
Pour ma *paroisse*, amis, je veux prêcher;
C'est en faveur de singuliers apôtres;
Mais rien ici ne saurait m'empêcher.
L'insouciance avec raison m'irrite,
Aussi du droit je me fais protecteur;
Pour relever un sincère mérite,
  Prônons le Conducteur. *(Bis.)*

Mon Conducteur, comme on pourrait le croire,
Ne mène point quelques chevaux fourbus;
De la vapeur il exporte la gloire,
Il représente un bien-être de plus.
Adroit et fort, il s'entoure de *malles*,
Dans un fourgon où manque la hauteur,
Il chante et rit même au milieu des *balles*,
  En vaillant Conducteur. *(Bis)*.

De ville en ville il voyage sans cesse ;
Buvant ici la bière du flamand,
Troquant là-bas contre une politesse,
Shilling anglais ou *thaler* allemand.
Un lit de camp est sa dure couchette,
Son sac de nuit devient restaurateur,
Et son panier, cabinet de toilette ;
        Tel est le Conducteur. *(Bis)*

Vous le voyez, de sa maison roulante
Interroger avec soin l'horizon ;
Contre un danger sa ruse est vigilante,
Il a pour lui le sang-froid, la raison,
Car il est là le *roi de la finance*,
Sans que jamais un souffle corrupteur
Vienne gâter le parfum d'innocence
        Du loyal Conducteur. *(Bis)*

Comme un marin, il a toujours en poche
L'aigre sifflet aux sons durs et perçants,
Quelques morceaux de crayons qu'il *raccroche*,
Et des rapports pour les *besoins pressants*.
Une tunique à la coupe coquette
Sait lui donner un attrait séducteur.
Oui, mais, par contre, une lourde casquette
        Déplume un Conducteur. *(Bis)*

En voyageant, curieux à l'extrême,
Il ne peut voir dans un compartiment
Un homme seul... seul avec une femme,
Sans du dehors les veiller prudemment.
Méfiez-vous, amour qui trop s'oublie,
Deux yeux sont là braqués avec fureur,
Prêts à gâter un moment de folie
  Dont rit le Conducteur. *(Bis.)*

Il n'est jamais ce qu'il devrait paraître,
Un frais minois suffit pour l'enflammer,
Et, sans rougir, il fait serment, le traître!
Qu'il est *garçon*, prompt à se faire aimer.
Il goûte en paix les douceurs du ménage ;
Mais son contrat, sur toute la largeur
Est transpercé, dans l'horrible carnage
  Qu'en fait le Conducteur. *(Bis.)*

Son avenir n'est point ce qui l'arrête ;
Un autre pense à lui pour ses vieux jours.
Comme un tambour, *la caisse de retraite
Bat le rappel* en tous lieux et toujours.
En attendant, chaque année il dirige
Vers les *galons* son sourire flatteur ;
Que l'insuccès en aucun temps n'afflige
  L'espoir du Conducteur. *(Bis)*.

LE
CONTROLEUR.

Air : A genoux devant l'Empereur.

Ne craignons point le regard d'aigle
De cet apôtre du *poinçon*,
Car ici nous sommes en règle ;
Notre billet, c'est la chanson.
Sans le pinceau de la critique
Et sans la plume du flatteur,
Je veux être peintre historique
   Du Contrôleur. *(Bis.)*

Un bon Contrôleur, en service,
Doit être franc et point bavard ;
Affable et doux pour le novice,
Patient avec le vieillard.
Avoir les ruses d'un gendarme,
Être sympathique au malheur ;
La finesse doit être l'arme
   Du Contrôleur. *(Bis.)*

S'il interprète bien un rôle
Qu'il a le temps de répéter,
Il ne doit point, dans son contrôle,
Crùment se laisser *carotter*.
Mais, respectant cette pauvresse
Qui cache un enfant sur son cœur,
Fermer les yeux est la sagesse
  Du Contrôleur. *(Bis)*.

S'il n'aime point faire parade
Des qualités qu'il peut avoir,
Il doit être bon camarade,
Sans s'écarter de son devoir.
Ne point se montrer implacable
Pour l'employé solliciteur,
C'est rendre l'éloge applicable
  Au Contrôleur. *(Bis.)*

Si Bacchus, un jour de goguette,
Livre bataille à son esprit,
Il a pour arme la baguette
Que Dame Raison nous prescrit.
De s'oublier il doit bien craindre !
Et pour le garer du malheur,
La soif ne devrait pas atteindre
  Un Contrôleur. *(Bis.)*

Il ne doit point auprès des dames.
Vouloir exercer deux emplois,
Ni faire jaillir feux et flammes
A l'aspect d'un gentil minois.
Le souffle de son cœur rigide
Ne doit ternir aucune fleur ;
La chasteté doit être guide
  Du Contrôleur. *(Bis.)*

Il doit être employé fidèle,
Presque héros de dévoûment,
Sans faire aucun excès de zèle,
Sous prétexte de règlement.
Enfin, voltigeant avec grâce
Sur les ailes de la vapeur,
Chacun doit envier la place
  Du Contrôleur. *(Bis.)*

LE
GRAISSEUR.

Air : Te Souviens-tu ?

Sur le terrain où féconde la muse
Qu'ensemença le seigneur Apollon,
Chers compagnons, si cela vous amuse,
Je puis glaner un sujet de chanson.
Vers l'idéal, paradis du poëte,
Je n'irai point égarer mon lecteur;
De l'employé je suis pauvre interprète,   ⎱ *Bis.*
Et vais chanter simplement le Graisseur. ⎰

Parfois ce titre effarouche l'oreille
Du citadin qui l'interprète mal ;
C'est une faute à nulle autre pareille,
Dont l'amour-propre est le sujet banal.
Mais avouons que ce nom respectable,
De son parrain est venu par erreur,
Car il changea le titre véritable
De garde-frein en celui de Graisseur.

Par fantaisie, orgueil, ou vain scrupule,
Ce mot ne doit rien offusquer en lui,
Puisque jadis *le crochet, la spatule*,
Furent en mains de ses chefs d'aujourd'hui.
Avec fierté déclarons qui nous sommes,
Et souviens-toi, fidèle serviteur,
Qu'un jour la *Grèce* a fourni de grands hommes ;
Donc, haut la tête à l'appel du Graisseur.

Dans une main, lorsqu'un danger l'arrête,
Un drapeau rouge étale son éclat,
Dans l'autre on voit la modeste *burette*
Le lourd *crochet* et le *seau de l'état.*
Son *épinglette*, instrument de mystère,
A la *lumière* ouvre un jour de douceur.
Il sait encor *répandre sur la terre*
L'huile à grands flots ; souvenir du Graisseur

Dans sa guérite, où le vent souffle et gronde,
Pour en chasser le sommeil et l'ennui,
De sa *hauteur* il rit de ce *bas monde*,
Où l'orgueilleux doit s'arrêter pour lui.
Si le velours est de noblesse antique,
Loin de briguer son illustre faveur,
Contre le drap d'une simple tunique
Il troquerait la veste du Graisseur.

Ancien soldat, il n'est pas intraitable;
L'ambition l'exempte de ses maux.
Dans ses parcours, pour lui le confortable
Est un fourgon ou *le frein à bestiaux*.
Mais il maudit les routines anciennes
Du surveillant qui souvent, *par erreur*,
Fait grelotter dans un *frein Valenciennes*
Et mal tourné, l'infortuné Graisseur.

Comme un lion il bondit dans sa *cage*,
Il saute en marche avec prétention ;
Il est parfois victime du courage,
De la bravade ou d'inattention.
Pour lui la peur est une décadence,
Car il oublie, en son rude labeur
Qu'une vertu s'intitule prudence
Dans tout emploi, même chez le Graisseur.

LE
LAMPISTE.

Air : Cendrillon.

Nous allons suivre à la piste
L'employé le plus *crasseux*,
Gîté comme l'alchimiste
Dans un cabinet fumeux.
Prenons notre air le plus mielleux :
Nous pénétrons chez le lampiste.
Chez lui, malgré qu'il y fait *gras*,
Ne témoignons point d'embarras ;
Et si l'on ne peut le flairer,
Nous devons au moins l'admirer,
Lui, chargé de nous *éclairer*.

Je voudrais, — chose impossible, —
Que son bizarre atelier,
Par un génie invisible
Fut dépeint tout en entier ;
Le *nec plus ultra* du métier
N'y resterait point insensible.
Manchons, *signaux* et *lampions*,
Brillent coquets sur des rayons.
C'est un bazar éblouissant,
Un taudis au parquet glissant,
Orné d'un parfum .. repoussant.

Arrière les balivernes,
Je décris la vérité :
Le Lampiste a les yeux ternes,
Bronzés par l'obscurité ;
Son regard sombre est agité
Par le feu rouge des lanternes.
L'essence calcine sa peau,
Détériore son cerveau ;
L'huile finit par le *gâter*,
Car lorsqu'il est à tripoter
Il ne fait point bon s'y *frotter*.

Sans le donner pour artiste,
Ni simplement bachelier,
Je vous dirai qu'un Lampiste
Doit savoir plus d'un métier :
Être vitrier, ferblantier,
Sauteur et même équilibriste ;
Avoir la souplesse du chat,
Le son criard de l'avocat,
La prévoyance du corbeau,
Pour passer son temps le plus beau
Entre le feu, le fer et l'eau.

Dans ce siècle de *lumière*
Il est roi de par l'*état ;*
La *grâce* de ses manières
Lui donne de l'apparat.
Ses fonctions ont de l'eclat,
Sa prestance est des plus altières.

Il déteste l'*obscurité*
Et ses faits manquent de *clarté*.
Sans être des moins érudits,
Peu prosaïque en ses écrits,
Il est phraseur dans ses récits.

Sans craindre qu'on le malmène,
Comme le *prudent* Romain,
Le Lampiste se promène
Une lanterne à la main ;
Il n'aborde pas un seul train
Sans cette arme de Diogène.
On frémit de le voir marcher,
Car un plafond est son plancher,
Et plus imprudent qu'il ne faut,
Les wagons dont il fait l'assaut
Lui font parfois faire le *saut*.

Son stage a-t-il pu se faire?
Est-il apte pour l'emploi?
Ma réponse en cette affaire
Serait de mauvais aloi.
De l'*état* j'ignore la loi,
Je ne puis donc vous satisfaire.
Ancien clerc d'huissier, laboureur,
Charpentier, commis ou couvreur,
Il doit avoir, un beau matin,
Été choisi par le destin
Pour remplir cet emploi mesquin.

L'HOMME D'ÉQUIPE.

Air : Suzon sortait de son village.

A la table de la critique
Je vous convie en ce moment,
Car, esprit tant soit peu caustique,
J'aime de *traiter* bruyamment.
  Point de manières,
  D'allures fières,
Pour aujourd'hui je suis votre échanson.
  Toutes les classes,
  Hautes ou basses,
Sont au régime ici de la chanson.
  M'associant à ce principe
  Que l'on appelle égalité,
  Je viens avec franche gaîté
   Chanter l'homme d'équipe. *(Bis.)*

Sa mise simple et peu coûteuse
N'est point celle d'un fanfaron :
L'hiver, une grosse vareuse
Abrite un mince bourgeron.
  Vive nature,
  Une ceinture
Maintient sa taille et l'étreint fortement.
  Verte culotte,
  Gilet qui flotte,
Et des souliers ferrés grossièrement.
A la casquette il participe,
Comme le premier conducteur ;
Sans tracer un portrait flatteur,
  Voilà l'homme d'équipe. *(Bis.)*

Le talent n'est point exigible
Dans cet emploi d'utilité,
Mais son travail, parfois pénible,
Demande l'intrépidité.
  Un corps robuste
  Vaut mieux qu'un buste
Dont les contours sont des plus élégants.
  Ses mains calleuses
  Et si nerveuses,
Même un dimanche ont des moufles pour gants.
D'un mignon et gracieux type,
L'administration fait fi ;
Elle aime un visage bouffi
  Chez un homme d'équipe. *(Bis.)*

Dans les gares de premier ordre,
Où s'ignore l'inaction,
Son service fait avec ordre
Reçoit prompte exécution.
  Qu'il pleuve ou grêle,
  Qu'il vente ou gèle,
Solide au poste en tous temps on le voit.
  Les écorchures,
  Les engelures,
Sont des cadeaux que souvent il reçoit.
Les rhumatismes et la grippe,
Les rails et même le tampon
Devraient jeter moins le harpon
  Sur un homme d'équipe. *(Bis.)*

De l'École polytechnique
Il ne sort point avec éclat,
Mais son livret souvent indique
Un ancien et brave soldat,
  Dur à l'ouvrage ;
  Plein de courage,
Joyeux à l'œuvre et prudent pour ses jours,
  Au moindre signe
  De la consigne,
Avec sagesse il se soumet toujours.
S'il se cache en fumant sa pipe,
Ou s'il fraude pour boire un coup,
Un chef doit tolérer beaucoup
  Au bon homme d'équipe. *(Bis.)*

Dans la station d'un village,
On se l'imagine rentier ;
Moi, je prétends, chose plus sage,
Qu'il a rude et vilain métier :
    Aucune affaire
    Ne peut se faire
Sans que son chef exige qu'il soit là.
    Facteur, lampiste,
    Laveur, copiste,
Il sert de tout, et doit, mieux que cela,
Soigner la rose et la tulipe,
Planter les choux et les navets,
Servir de *bonne* aux marmousets,
    Pour être homme d'équipe. *(Bis.)*

Enfin, dans ce riche domaine
Que l'on nomme un chemin de fer,
S'il n'est que simple homme de peine,
Il a le droit d'en être fier.
    Que fait la forme
    De l'uniforme,
Quand ils ont tous la marque de l'honneur ;
    Et sur sa veste
    On voit du reste
Souvent briller des titres de valeur.
Si par hasard il s'émancipe
Au sujet d'un poste plus haut,
Graisseur est tout ce qu'il lui faut.
    Voilà l'homme d'équipe. *(Bis.)*

DU MÊME AUTEUR :

CHANSONS
PASQUILLES, DUOS

ET

SCÈNES POPULAIRES LILLOISES.

Volume in-8° de 270 pages, avec gravures. . 3 fr. »
Brochure in-8° de 90 pages,   id. 1 25
Livraison de 40 pages,   id. . . . . » 50
   Id.   de 20 pages. . . . . » 20
   Id.   de 4 pages . . . . » 10

EN VENTE
CHEZ LES PRINCIPAUX LIBRAIRES DE LILLE

ET DU DÉPARTEMENT DU NORD.

Lille. Imp. L. Danel.

www.ingramcontent.com/pod-product-compliance
Lightning Source LLC
Chambersburg PA
CBHW060708050426
42451CB00010B/1326